UNION
Franco - Russe

L'UNION FRANCO-RUSSE

L'UNION

FRANCO-RUSSE

PAR

NEMO

PARIS

IMPRIMERIES RÉUNIES. — MOTTEROZ, Directeur

Rue du Four, 54 bis.

—

1889

L'Union Franco-Russe

Paris, 28 octobre 1889.

Voici longtemps que nous rêvons tous une alliance avec la Russie, et que la presse de nos deux pays fait de timides tentatives vers ce but.

Depuis l'extension croissante de l'empire allemand, la Russie et la France, placées aux deux extrémités de l'Europe, sont les seuls contrepoids qui en maintiennent l'équilibre politique. Ces deux pays sont comme deux sentinelles se gardant l'une l'autre et veillant toutes deux au seuil d'une porte d'où peuvent sortir, d'un moment à l'autre, les canons de la Triple Alliance.

Si l'Allemagne et l'Autriche ne s'attaquent pas à la Russie, c'est à cause de la France, et si quelque chose empêche jamais la Triple Alliance d'écraser la France, ce sera la Russie.

Lorsque des malfaiteurs, même à trois contre un, savent qu'un ami de la victime les guette par derrière, cela peut leur faire conserver la plus bienveillante neutralité.

Qu'on aspire au maintien de la paix, qu'on mette la

question d'humanité au-dessus de tout, ou qu'on veuille, au contraire, retrouver un jour nos provinces perdues et nos frontières naturelles, quelqu'opinion enfin qu'on ait sur cette question, si nous sommes de prévoyants patriotes, nous devons souhaiter des alliances.

Puisque le gouvernement italien n'a pas compris que le véritable intérêt de son avenir était l'alliance latine, nous devons tourner nos regards ailleurs, sans cesser, toutefois, de gagner les sympathies du *peuple* italien, qui pourrait bien un jour vouloir faire à sa tête.

Pour avoir la paix avec des voisins querelleurs, il faut pouvoir l'imposer. Une France, dont la force serait doublée par une union avec la Russie, serait doublement crainte et respectée. Du reste, qui aime l'humanité aime la France; car, quel est en Europe le défenseur des grandes causes, le champion de toutes les idées fécondes, de toutes les libertés salutaires, de toutes les grandes aspirations, si ce n'est la France? Vous donc, qui mettez l'amour de l'humanité, de la paix, du progrès au-dessus de la France, vous devez travailler à sa conservation, à sa puissance, si vous ne voulez pas voir la politique rétrograde, barbare, brutale de nos ennemis, étouffer les libertés que nous avons conquises, arrêter nos progrès, éteindre les lumières dont la France est le foyer.

Malgré notre ardent désir de maintenir la paix, et bien que nous ne souhaitions nullement l'écrasement de nos voisins, nous voudrions cependant être à l'abri des surprises et donner à notre pays la sécurité nécessaire à son développement progressif et à l'extension de son commerce. Que ferait la France seule, le jour où il plairait à la Trinité belliqueuse de passer nos frontières ouvertes de la Belgique à la Suisse? Qui empêcherait ces alliés de passer même à travers la Suisse ou la Belgique si la Russie n'était pas prête à marcher pendant ce temps sur Berlin et Vienne, et si les sympathies des peuples slaves n'aidaient pas alors la Russie à démembrer l'Autriche et à soulever les provinces polonaises de la Prusse?

Comment veut-on que la France puisse aspirer à d'autres alliances si la Russie elle-même lui fait défaut? Son isolement, son avenir incertain effrayent d'autres pays. La force attire la force. Une France alliée à la Russie aurait mille chances d'obtenir les alliances de la Belgique, de la Hollande, dont l'avenir est menacé par l'Allemagne, et peut-être celles de l'Espagne, de la Suède, du Danemark, et qui sait si le gouvernement italien ne se souviendrait pas *alors de qui* il tient son unité?

Cette Double Alliance qui devrait contre-balancer la Triple Alliance, nos deux peuples l'ont déjà faite dans leurs cœurs par-dessus les frontières; pourquoi alors, demandera-t-on, nos deux gouvernements n'ont-ils pas encore conclu une alliance effective, militaire, politique, économique, monétaire et surtout douanière? Il nous est impossible de répondre à cette question si complexe et si délicate; car le public ne peut pas la connaître à fond. Tout ce que nous pouvons dire, c'est que la crainte de nouvelles complications extérieures, le souci de leur dignité, la responsabilité écrasante de toute fausse manœuvre paralysent nos deux gouvernements. Il n'appartient surtout pas à un gouvernement parlementaire de risquer l'honneur du drapeau, l'argent collectif de la France et, ce qui plus est, le sang de ses administrés dans ce qui pourrait être une tentative pleine de périls extérieurs.

Mais, si tout ce qui a trait au côté purement politique, militaire, douanier d'une alliance, concerne exclusivement les gouvernements, est-ce à dire que nous, public, n'ayons rien à voir dans cette question presque vitale? Que nous ne puissions rien faire en dehors de tout appui officiel pour hâter une alliance avec la Russie? Pour l'imposer même tôt ou tard?

Il est étonnant de voir combien peu de choses nous

savons accomplir en France par les seules forces de l'initiative privée. Il n'en est pas ainsi en Angleterre, où presque tout se fait en dehors des appuis officiels; où les grandes compagnies et associations contribuent à de grandes actions politiques, où elles sont même si puissantes qu'on est souvent obligé de compter avec elles comme avec des pouvoirs publics. Combien de fois d'immenses pays n'ont-ils pas été colonisés par l'initiative privée toute seule, et n'ont été ensuite adoptés officiellement que lorsque tout y avait déjà réussi? Chez nous, on se repose de tout sur le gouvernement. Dès que nous avons le choléra, un tremblement de terre ou simplement soif, *le gouvernement* y est pour quelque chose; c'est une véritable bonne à tout faire. Il semble que si nous étions guidés avant tout par un ardent désir d'être utiles à la France, nous apprendrions à faire quelque chose par nous-mêmes, en *suppléant* à ce que le gouvernement ne peut pas faire lui-même, en corroborant à ses actes, lorsqu'il travaille au bien public.

Nous avons la certitude que chaque Français, que chaque Russe peut poser lui-même les premières bases d'une alliance par ses efforts personnels, et nous allons dire comment :

Qu'est-ce qui paralyse le plus la Russie? — C'est le manque d'argent. — Si la France pouvait procurer à la Russie ce « nerf de la guerre » sans désavantages pour elle-même, il serait dans son intérêt de le faire. Aider la Russie à s'enrichir serait d'un intelligent patriotisme. Elle nous le rendrait d'une autre manière. Ne vaut-il pas mieux prêter notre argent à des amis et nous donner de la peine maintenant, que de donner peut-être bientôt notre sang et nos biens, malgré nous, à des ennemis dont le cauchemar est précisément notre alliance avec la Russie.

Nous, public français et russe, nous devrions former *une vaste société d'appui mutuel*. Prenons d'une manière privée et impersonnelle cette initiative où nos gouvernements ne peuvent se risquer. Signons un formidable *pacte d'association financière et commerciale* entre des milliers de Russes et de Français.

Qu'un Russe faisant partie de cette association, venant en France, que tout associé français allant en Russie aie les mêmes facilités de transactions que s'il se trouvait dans sa patrie.

Prenons, comme individus, une sorte d'engagement national de protection et de secours.

En admettant que la France pût y perdre quelque chose matériellement, ce que nous ne croyons pas, elle y gagnerait d'un autre côté cent pour cent quant à sa sécurité présente et à son avenir politique. Que l'épargne, l'industrie, le commerce français s'ouvrent à deux battants pour laisser entrer dans son mouvement commercial et financier cette Russie si jeune et si riche, si peu défrichée encore ; que la civilisation la plus avancée d'Europe fasse arriver bientôt au premier rang, dans toutes les industries, ce peuple slave plein de génie et que ce soit grâce à nous que son commerce s'épande dans l'univers.

Qu'on réfléchisse à la puissance colossale d'une union douanière franco-russe ! Eh bien ! si cette union ne peut encore se faire officiellement, *qu'elle soit occulte !*

Si un million seulement de Russes et de Français se liguaient pour la protection réciproque de leurs produits, pour l'échange aussi avantageux que possible de leurs valeurs, pour l'exclusion de tout élément étranger dans leurs transactions, ne serait-ce pas là une nouvelle force créée en faveur de la politique française ? — Bismarck ordonne bien aux chambres de commerce allemandes de n'acheter que des vins italiens, pourquoi nos marchandises françaises et russes ne seraient-elles pas protégées d'une manière ou d'une autre ?

Persuadé qu'une communauté d'intérêts matériels entre

Français et Russes serait un grand pas vers une alliance plus effective; convaincu que cette communauté peut s'établir sans aucun appui officiel et considérant que la liberté d'agir collectivement est *la plus grande force de ce siècle*, nous proposons la création d'une « *Union franco-russe* », association privée, commerciale et financière, composée d'un nombre illimité de Français et de Russes, sans considération de parti, adhérant tous à une même politique *extérieure*.

Cette « Union » aurait pour but de faciliter et de protéger, par tous les moyens en son pouvoir, le commerce et l'industrie des deux nations, d'avantager, autant que possible, les valeurs et les marchandises russes en France, et de faciliter aux Français la possession des terres, le placement de leurs fonds, la vente, l'achat, l'échange et la fabrication de leurs produits en Russie.

Cette union purement d'affaires pourrait être soutenue et défendue par la presse française et russe tout entière.

Nous avons souvent pensé que, si malgré toutes leurs divergences sur la politique intérieure, toute la presse des deux pays faisait comme un traité d'alliance sur la seule question de la politique *extérieure*, l'opinion et les sympathies du public seraient dirigées et renforcées dans un sens patriotique, les gouvernements amis seraient, par là, entraînés dans ce mouvement, et les puissances ennemies entravées dans leurs projets belliqueux.

Si toute la presse française avait toujours eu le même mot d'ordre *quant à la politique extérieure seulement*, si elle s'était liguée d'un côté avec une partie de la presse italienne, espagnole, suisse, etc., et de l'autre avec la presse russe, pour travailler en commun à l'union des peuples latins et slaves contre l'élément germanique, de quel poids cette formidable alliance morale n'eût-elle pas pesé sur les destinées pacifiques du monde?

Le but spécial d'une alliance de la presse française et

de la presse russe serait : 1º la défense et la protection des intérêts français et russes dans le monde entier, sans négliger la tendance vers l'union slave et latine; 2º la conservation de la paix dans la dignité.

De plus, notre presse devrait renoncer à dénigrer et à froisser les Anglais; elle devrait, au contraire, chercher à gagner leurs sympathies et celles de la Belgique, de la Hollande et de l'Amérique.

Si « *l'Union franco-russe* » avait la moitié de son capital en Russie et l'autre en France, elle pourrait faire le commerce le plus avantageux de ses propres produits d'industrie française nécessaires en Russie, contre ses propres denrées russes : blé, thé, bois, fourrures, cuir, etc., et comme tous les fabricants, commerçants, banquiers, changeurs, propriétaires, rentiers, industriels, agriculteurs, etc., de France et de Russie pourraient faire partie de cette « Union », s'ils se conforment aux Statuts de l'Association, *l'Union franco-russe* ne pourrait porter aucun préjudice au petit commerce français et russe, et le public prendrait, petit à petit, l'habitude patriotique de se servir de préférence de ses propres produits nationaux et de ceux de la nation amie.

Pour être en relations directes avec elle-même « l'Union » aurait ses propres navires et, avec le temps, pourrait avoir des paquebots réguliers entre Odessa et Marseille, ainsi qu'un câble sous-marin afin d'être en relations directes et constantes avec la Russie, sans passer par le territoire allemand.

Cette « Union » de commerce exclurait de son trafic toute marchandise de provenance allemande, italienne ou étrangère en général.

Dans l'intérêt même du but poursuivi, il est évident que seuls des Français et des Russes, pouvant justifier de leur nationalité et de leur origine, pourront faire partie de

« l'Union ». Les Juifs qui voudraient y être admis devront avoir choisi, de leur plein gré, la nationalité russe ou française. Il serait indispensable aussi que la plus étroite surveillance fût exercée sur la comptabilité générale de l'Union, et cela par un comité supérieur d'au moins dix membres rétribués pour aller, chaque année, contrôler eux-mêmes tous les comptes de l'administration, tant en France qu'en Russie. Tous les associés ayant pris des actions participeraient aux bénéfices et à la responsabilité, proportionnellement à leurs mises. Les associés qui n'auraient offert que leur adhésion morale n'auraient qu'une voix consultative aux délibérations de la Société.

L'Union franco-russe aurait un journal imprimé dans les deux langues et traitant toutes les questions d'économie, d'industrie, de commerce, de finance, d'agriculture, etc., sans toucher jamais à des questions religieuses ou de politique intérieure.

Si cette Société savait agir avec intelligence et patriotisme, il n'y aurait plus de Russes qui voudraient faire de transactions autrement que par son intermédiaire avantageux.

Par la force des choses, elle monopoliserait donc tôt ou tard le commerce russe, car elle serait, grâce à ses capitaux et à ses moyens de transport, le meilleur débouché de la Russie.

Lorsque le gouvernement russe verrait ses valeurs relevées, son commerce plus étendu, toutes ses relations d'affaires facilitées par la France, il ne verrait pas sans crainte l'avenir, la paix, l'intégrité de la France de nouveau menacés par d'autres puissances.

Avant de recueillir des fonds en faveur de cette œuvre, il serait nécessaire que tous les Français disposés à donner leur adhésion à notre idée, derrière laquelle nous tenons à nous effacer entièrement, se constituassent en *Comité d'organisation* qui ferait les Statuts de « l'Union, » en accepterait les membres, ferait appel aux fonds, puis remettrait ses pouvoirs à « *l'Union franco-russe* » constituée par ce comité-là. Dans ce but, nous faisons appel d'abord à tous les journalistes de France, espérant qu'ils prendront eux-mêmes l'initiative de recueillir les adhésions dans leurs bureaux et que, lorsqu'ils en auront recueilli un nombre suffisant, ils convoqueront tous les adhérents pour les prier de constituer eux-mêmes le Comité d'organisation.

En terminant nous faisons appel à tous les Français et Russes qui aiment leur pays, sans distinction d'opinions. Cette œuvre à laquelle les uns peuvent contribuer par leur influence et les autres par leur argent, peut et doit rester étrangère à toute division de partis. Une fois moralement enrôlés dans « l'Union », nous aurions le même esprit que dans notre armée où, au-dessus de toute couleur et nuance d'opinion, il n'y a que des Français.

Lorsqu'on aime son pays par-dessus tout, on doit non seulement chercher à le servir individuellement avec ou sans appui, mais encore doit-on supporter de le servir avec ses adversaires, fût-ce même sous leurs ordres, si c'est pour le bien public.

Lorsqu'il y a un incendie, ceux qui montent à l'échelle ne se demandent pas s'ils ont tous les mêmes principes — ils font leur devoir. C'est dans cet esprit-là que nous voudrions voir se former « *l'Union franco-russe* », car pour une œuvre de cette importance, l'alliance des seuls intérêts matériels et de la seule intelligence commerciale ne suffiraient pas.

Qu'aucun obstacle ne nous décourage : tout patriote, Français ou Russe, qui fera partie de *l'Union franco-russe*, est certain de travailler pour sa patrie.

Paris. — Imprimeries réunies, C

Molteroz

54 bis, rue du Four. — 8431.

184

JE PENSE
J'ŒUVRE
C. MOTTEROZ

www.ingramcontent.com/pod-product-compliance
Lightning Source LLC
Chambersburg PA
CBHW050724070726
47597CB00009B/3769